108

MINUTOS

DE

SABEDORIA

E

FELICIDADE

108 Minutos de Sabedoria e Felicidade

Este é um livro para ler a qualquer hora e reler quando precisar levantar o astral. Um livro com ensinamentos para toda a vida.

Autor: WALTER ARAUJJO

INTRODUÇÃO

108 minutos para ler todo o livro, sendo 1 minuto por página, as quais contém ensinamentos para sempre. Claro que você irá ler no seu tempo, e com calma. São páginas com pensamentos e frases atuais populares, colhidos aleatoriamente e adaptados, com pitadas de momentos vivenciados por mim, ao longo da vida. Pequenos trechos, pequenas lições aprendidas com pessoas que passaram pela minha vida, as quais de alguma forma deixaram sua marca, um pouquinho de si e de suas histórias. Histórias que procuro aqui narrar de forma simples, direta , em pequenos textos com mensagens altruístas, para que de alguma maneira toque seu coração, também te sirva de lição para que as use com sabedoria. Através da sabedoria, nós encontramos forças para superar dificuldades e tentar solucionar problemas, sejam eles no convívio social, no amor, a encontrar paz de espírito, amor próprio e bem estar. Levando em conta que as palavras nos fazem refletir e superar dificuldades, este livro tem o poder de influência sobre a psicologia humana, que pode ser treinada para uma melhor qualidade de vida.

Sugiro, quando você estiver passando por algum problema, procurar a página que fale a respeito, ou algo que você possa adaptar à sua situação no momento. Leia, reflita e tire o melhor proveito.

Por isso, desejo do fundo do coração que ao ler tantas citações sobre as turbulências da vida atual, possa encontrar soluções para uma vida mais simples, prática e feliz. Pois na maioria da vezes, nós cultivamos os problemas e não nos preocupamos em solucioná-los, afinal é cômodo apenas reclamar de tudo, se fazer de vítima, persistir no erro, pensando que por si só tudo irá mudar.

A mudança depende de VOCÊ.

Walter Araujjo

01

A vida tem bifurcações duvidosas que deixam a visão embaçada. No mundo há estradas e caminhos que não levam a lugar algum. Se você amou tanto a pessoa errada, imagina o quanto você pode amar a pessoa certa. Dê ao mundo o amor que você está precisando, então o universo te mandará pessoas que combinem com isso. Apaixone-se por alguém que volte para conversar com você depois de uma briga. Uma pessoa que te dê valor, e entenda que amar está acima do orgulho. O maior problema de uma relação, geralmente é falta de comunicação. É quando não ouvimos para compreender, ouvimos para responder. Respeito é bom e todo mundo gosta, por isso termine o relacionamento antes de começar a agir como solteiro. Manter uma relação destrutiva e guardar raiva, é como segurar um carvão em brasa com a intenção de atirá-lo em alguém no momento certo. Até lá, é você quem vai se queimar.

02

Guardar raiva, rancor e fingir para si que tudo está bem, não faz bem. Só te fará adoecer. No fundo os acontecimentos estão lá, no pensamento. E não há nada nessa vida que possa te incomodar tanto quanto teus próprios pensamentos. Às vezes é necessário parar um pouco, respirar fundo, e avaliar se o que você está ofertando aos outros, se compara ao que essas pessoas estão tirando de você. Tudo que tira sua Paz é muito caro. Não pague este preço, valorize sua saúde, seu bem estar, para que seja feliz. Só quando paramos para analisar pelo que passamos ao longo de nossa vida, percebemos quantos muros quebramos, quantas barreiras ultrapassamos, quanta turbulência. No mar da vida enfrentamos muitas tempestades e assim mesmo velejamos. Quando viemos ao mundo, ninguém nos entregou um script do que iria acontecer no filme de nossa vida. Nascemos, crescemos e seguimos aprendendo através das surpresas que a vida nos apresenta. E para seguir adiante, devemos amadurecer, para conseguir abraçar as tempestades mesmo tendo medo da chuva.

03

A gente sempre pode rezar por alguém, quando não podemos ajudar de alguma outra forma.

A oração pode ser o melhor presente, a melhor energia que podemos emanar na vida daquela pessoa. Não importa a situação, não importa a distância, não importa a doença, não importa a crença, faça sempre uma oração.

Assim como as estrelas no céu vão aparecendo uma a uma ao anoitecer, como se uma despertasse a luz na outra adormecida, milhares de velas podem ser acesas a partir de uma única vela e essa vela não ter a sua vida diminuída.

Seja luz na vida de alguém, iluminando, emanando energia do bem.

Compartilhar boas energias e felicidade nunca diminui ninguém. E já que a lei do retorno existe, lembre-se que você atrai o que transmite, recebe em dobro tudo o que emite ou deseja, aos outros. Queira e faça o bem, sem olhar a quem, que o resto vem.

04

Sempre que o sol nasce, além de um novo dia, você tem uma nova oportunidade de ser feliz. Viver é a coisa mais rara do mundo, pois a maioria das pessoas só existe. E infelizmente alguns passam pela vida sem deixarem rastros, sem deixarem sua marca, sem terem vivido, portanto procure descobrir o seu caminho, deixe pegadas, transforme tudo ao seu redor. Na vida ninguém é responsável pelo teu destino a não ser você mesmo. Você é quem terá que descobrir a estrada e segui-la com teus próprios pés. Nunca é tarde para despertar para a vida, uma nova e verdadeira vida. E se você deseja felicidade, lembre-se: você é o único responsável pelo seu destino. Supere as dificuldades, vença os obstáculos, siga seus sonhos e construa uma vida maravilhosa. Permita ser o que você quiser ser, menos infeliz. É humilde o primeiro a pedir desculpas, vive em paz o primeiro a perdoar. É mais forte o primeiro a esquecer, é mais feliz aquele que jamais se torna aquilo que o feriu e mais corajoso aquele que vive seus sonhos.

05

Amar é fácil, conviver e sentir-se amado é difícil. É
difícil ver os defeitos de alguém e saber que esse
mesmo alguém enxerga os teus defeitos. É mais
fácil quando a paixão nos mandava exibir apenas as
nossas qualidades. É difícil alinhar sonhos, estar
dentro do mesmo tempo, no mesmo teto,
convivendo com a rotina. É difícil ver pequenos
hábitos que nos irritam. É difícil engolir o próprio
orgulho, pois o orgulho é doce quando sai da boca,
e amargo quando desce até o peito. Não se iluda
com essa multidão louca por um amor, a maioria
quer só uma fatia do bolo que nem foi preparado.
Para eles, amar é difícil. É sentimento que se
mostra depois de um tempo. Não é para quem
chegou ontem, é para aqueles que querem conhecer
o futuro contigo, esse é um ato de coragem, pois o
amor é antes de tudo, heroísmo.

06

Um dia a gente cansa de esperar, cansa de se doar, cansa de se esforçar, de chorar, de sofrer, de se decepcionar. E aí a gente cria forças para deixar tudo o que nos causou dor para trás. Tomara que depois desse cansaço todo, seu coração volte limpo, lindo, bonito e amado. Que o seu cansaço não torne você ruim, amargo, frio, para que você não faça com as pessoas, o que as pessoas fizeram com você. Quando ouvir fofocas sobre você, voe alto. Quando fizerem algo só para te magoar, voe mais alto ainda. Quando te provocarem com bobagens, voe muito mais alto e assim estará livre destas criaturas desprezíveis. Lembre-se, as cobras não voam, elas somente rastejam. O fraco desce o nível, o ignorante se vinga e o sábio ignora.

07

Uma das maiores lições da vida é aprender a não revidar. Não é porque alguém te feriu que você precisa ferir de volta. A lei do retorno existe, mas ela não diz que você tem que fazer justiça com as próprias mãos. Ninguém é eternamente feliz causando a infelicidade alheia. O universo é uma mãe, e também sabe cobrar. Cobra com juros e correções monetárias. Então a melhor vingança é a sua alegria. Deixe cada uma das suas contas com o destino, cuide só da sua história, o resto basta. O tempo cuida, o amor de verdade não exclui, não afasta, não separa. Quando é verdadeiro, o amor não destrói amizades, não distancia, não isola. Na real, o amor contagia e envolve. O amor é sempre mais, nunca menos. O amor é um oceano e não uma ilha.

08

Fuja da maldade alheia, se afaste daqueles que te desejam o mal. Com o tempo a gente vai aprendendo a distinguir quem nos aponta o dedo e quem nos aplaude. A gente não precisa ter muitos ao nosso lado, somente alguns verdadeiros já são o bastante para nos fazer felizes. Aprenda que uma palavra de carinho faz bem à saúde, que um gesto de amor sempre aquece o coração, que o julgamento alheio não é importante, que você deve ser criança a vida toda, que é preciso cultivar a paz interior e que sonhar é preciso. Mais importante de tudo, é que somos livres para fazermos a nossa escolha. Aproveite cada instante da vida, ele é único e não volta. O relógio do tempo avisa, que a hora é agora e que é melhor feito do que perfeito.

09

Não tenha medo da solidão, não tenha medo de estar acompanhado e ainda assim se sentir sozinho. A vida é um sopro, é agora. E nunca houve um momento em sua vida que não fosse o agora, nem nunca será. Não é preciso ser perfeito para inspirar os outros. É pela maneira como você lida com as suas imperfeições que será admirado. Se for roubar, roube um beijo, se for trair, traia a morte, se for deixar, deixe de ser infeliz e se for chorar, chore de alegria. No caminho da vida encontramos gente que é tão bonita por dentro, que dá vontade de abraçar a criatura pelo lado do avesso. A lógica vai levar você de um ponto ao outro, mas a imaginação vai levar você a todos os lugares. Pensando bem, ando preferindo ter paz, do que ter razão e por isso deixo a razão toda com vocês.

10

A melhor maneira de ajudar uma pessoa é ensiná-la a pensar. Não se esqueça, que a verdadeira beleza é uma atitude, e que você é incrivelmente precioso quando é verdadeiro. Ninguém é pouco ou muito pra ninguém. Somos a medida certa de quem nos aceita e nos respeita. Quer saber? Fica quem gosta, abraça quem sente, e cuida quem se importa. As pessoas mudam ou se revelam com o tempo. O tempo prova que nem todas as promessas são cumpridas e que muitas vezes nossa expectativa era exagerada. O passado que não reconhece o seu lugar, estará sempre presente quando a gente continua se decepcionando com a mesma pessoa repetidamente. A culpa não é mais dela, é nossa. O pior tipo de estranho é aquele que um dia a gente já conheceu. Então perdoe, esqueça, aprenda e siga em frente.

11

O futuro depende das escolhas que você fizer no presente. Então não esqueça que hoje, você tem uma nova chance de construir o seu amanhã. Aproveite todas as possibilidades que a vida lhe der. E se ela te enviar um sinal, apontando um novo caminho, uma atitude diferente, ou até mesmo uma nova forma de ver as coisas, aceite as novas possibilidades e mude. Mude a sua estratégia, mude seu caminho e sua vida mudará. Perca a noção do tempo, mas não perca nunca o sentido da vida. Perca as pessoas que ama, mas nunca perca o amor por elas. Perca vários colegas mas nunca perca os verdadeiros amigos. Perca a coragem, mas nunca perca a fé. E mesmo que você perca tudo, nunca perca a esperança de ter tudo outra vez, porque você é aquilo que você espalha e não aquilo que você junta.

12

Ame quem te ama e não se preocupe com as pessoas do seu passado. Há uma razão fortíssima pela qual elas não estão presentes e razões pela qual elas não farão parte do seu futuro. Nossos sentimentos são como nossos músculos, eles crescem na medida em que os exercitamos. Aprenda a distinguir, quem merece uma explicação, quem merece uma resposta e quem não merece absolutamente nada. Dependa da sua força e da sua fé, porque até a tua sombra te abandona quando você está na escuridão. E por favor, pare de inventar razões para o seu infortúnio, você já fez sacrifícios demais, agora se permita um caminho mais fácil. Vire a página, não perca tempo com vaidade, orgulho e ambições desnecessárias. Não se preocupe com o que pensam de você, quando a vida te deixar sem palavras, cante.

13

A tua vida só vai pra frente quando você desapega das pessoas que te levam para trás. Há momentos na vida que devemos rever as relações. Seja de amizades, ou amores. E em se tratando de desavenças familiares se uma boa conversa não resolver, o tempo que é o senhor da razão, irá solucionar. No geral, a reciprocidade é a melhor resposta, tanto para o amor quanto para indiferença.

Um dia alguém vai entrar na tua vida e vai te fazer entender porque você nunca deu certo com outro alguém antes. A pessoa certa, só vai dar certo quando tem que ser, no tempo certo, quando tudo parece incerto. Já diz o ditado que toda panela tem sua tampa, embora demore, mesmo amassada, um dia ela aparece.

14

Se você não construir o seu sonho, alguém vai te contratar para construir o sonho dessa pessoa. Uma das maiores certezas da vida, é que muitos seres humanos no final de sua jornada, questiona o porquê não amou mais, não viajou mais, não seguiu a tão sonhada profissão e por fim não foi realmente feliz. É uma triste conclusão quando não se há tempo para mudar o destino, mas hoje, independente da vida que você esteja levando, ainda há tempo para mudar o rumo, rever o gps de seus passos e definir o que ainda se pode fazer pela felicidade. Na bifurcação da vida, siga seu coração.

Procure suas "forças" seja melhor a cada dia, tenha fé, policie seus pensamentos para que sejam positivos e assim você possa ter atitudes positivas. Acredite que você tem sobre si o PODER para atingir seus objetivos e FÉ de que tudo é possível.

15

O pior ignorante é aquele que pensa ser inteligente e acredita saber tudo. Sempre há quem queira ter razão e quem pensa poder manipular e enganar a todos o tempo todo. A capacidade de fingimento de uma pessoa assim, é menor que a capacidade que as outras pessoas têm, de fazê-la acreditar que estão acreditando em sua mentira. Não abra mão da sua sanidade para discutir com pessoas negativas ou as que querem ter sempre razão. Não vale a pena perder a saúde por estresse no convívio com pessoas erradas, melhor afastar-se. Não perca a saúde por nada, por nenhuma dieta da ditadura da beleza, por nenhum trabalho estressante, por nenhum relacionamento infeliz, principalmente por nenhum padrão de vida mantido por orgulho. O seu bem estar define sua saúde, sua longevidade. E se mudaremos nosso padrão de vida com mais saúde, deixaremos os maus hábitos no passado e então diremos: Querido passado, obrigado por tudo. Olá futuro, vamos lá.

16

A nossa vida fica mais bacana quando a gente para de tentar agradar a plateia, de fazer o que os outros querem. Na vida, quem tem medo de voar tenta cortar as asas daqueles que se permitem ir além, afinal é muita mente pequena para muita boca grande. Mas nossas expectativas nem sempre são superadas pelo alheio, e para evitar decepcionar-se, evite fantasiar o protótipo da perfeição sobre os outros. Quando estamos com pés no chão percebemos a realidade de cada um. É melhor o desconforto da verdade do que a comodidade da mentira. É impressionante como as pessoas são julgadas por serem reais e verdadeiras e são amadas por serem falsas. Mas não perca seu tempo tentando explicar algo para alguém que já decidiu o que quer entender. O corpo muda, o caráter não. Então escolha qual beleza te atrai e não compactue com as inverdades nem revide à maldade alheia, a melhor forma de se vingar do inimigo é não assemelhar-se a ele.

17

Você já parou para pensar que você pode dormir de conchinha com seu amor próprio? Sim, você encontra paz e felicidade na sua própria companhia. Não há companhia melhor do que o amor próprio. Pois às vezes é melhor só, do que mal acompanhado. Quantas vezes nos desdobramos para tentar manter uma relação com alguém que não é compatível e ainda assim criticamos a amiga por "escolher demais" e por isso sempre estará solteira. Toda vez que você perceber que está criticando em palavras ou mentalmente uma outra pessoa pare e transforme a sua crítica em bênção, desejando o melhor para a pessoa.Quem sabe assim, sua amiga encontra o tão esperado amor. Quando emanamos pensamentos, palavras do que desejamos o Universo percebe a energia. Devemos sempre desejar o bem, sem olhar a quem, desejar a felicidade para os outros e para toda a humanidade de alguma forma nos transforma em ímã para que coisas boas e acontecimentos positivos aconteçam em nossa vida também.

18

Não finja desinteresse por algo em que você está realmente interessado. Isso não te torna interessante. Cuidado para você não sufocar com tudo isso que você finge não sentir. Quantas oportunidades perdemos por não expressarmos nosso sentimento. Quantos relacionamentos acabam por falta de diálogo ou desentendimentos, por falta de uma boa conversa. Nem tudo o que pensamos podemos sair gritando aos quatro ventos, mas quando alguém nos magoa, precisamos de forma calma e sincera comentar à pessoa que aquilo nos magoou. Quando amamos, devemos demonstrar em palavras e atitudes para que o outro saiba que é amado e sinta-se valorizado. Ao mesmo tempo, aprenda a dizer "não", sem precisar explicar tanto. Muitas vezes amores e amizades exigem sinceridade, demonstrar o que sente. Pois em qualquer relacionamento, a pessoa que cuida, mesmo estando pior que você, ela nunca se recusa escutar e oferecer ajuda. E quando você amadurece, você não perde amores nem amigos, você descobre os verdadeiros.

19

Amanheceu. Levanta, e por favor não deixa teus sonhos no travesseiro. Tudo na vida é uma questão do quanto você deseja coisas e do que você está disposto a fazer para consegui-las.

Não tem loteria nem passe de mágica capaz de acabar com pobreza de espírito. A vida coloca reticências onde você achava que era ponto final. O que tiver que vir virá, o que tiver que ser será, o que a vida tem para você te alcançará e nada nem ninguém impedirá.

A vida encolhe ou expande na medida da sua coragem, por isso você tem duas opções: ou espera acontecer ou você faz com que aconteça.

E não tem controle remoto na vida, você vai ter que se levantar meter a mão e mudar de canal. Não queira que o tempo volte, nem que as lembranças boas já vividas se repitam. Queira novas, grandes e maravilhosas histórias, que sejam diferentes, com final feliz.

20

Não derrube ninguém, ajude o povo a se levantar. E saiba que independente do problema que você está enfrentando, as lutas não vem para te derrubar, as lutas vem para te fortalecer. Haverá um momento que estes problemas ficarão no passado e então você perceberá que todo sofrimento um dia tem fim.

Agradeça tudo de bom que acontece com você, valorize quem gasta um tempo para te ouvir, aprecie quem se importa com as tuas coisas, com a sua vida. Em um mundo turbulento onde as pessoas não tem tempo para nada e sentimentos parecem banalizados, uma ligação, uma atenção, valem ouro.

A ingratidão rima com solidão e pessoas ingratas nunca serão felizes, e não se importe com quem torce contra, alimente-se da positividade de quem quer ver você sempre bem.

21

 É a importância que você dá para as coisas que faz com que elas afetem a sua vida. E não existe hora certa para começar uma nova história, não precisa ser pela manhã, na próxima segunda-feira, no início do ano. A sua história simplesmente começa quando você decide escrevê-la.

Tudo na vida é emprestado, não vale a pena viver apegado, seja seu maior crítico, mas nunca deixe de ser seu maior fã. E sobre as dores, saiba que cada dor te faz mais forte, cada traição te faz mais inteligente, cada desilusão te faz mais persistente e cada experiência te faz mais sábio. Aceite de peito aberto as tuas conquistas, às vezes o mundo tenta acabar com a nossa autoestima, mas você tem que acreditar em você. Não desista.

22

Você é a primeira pessoa que deve se colocar para cima. Pois a gente tem essa mania de se colocar para baixo, e achar que não somos merecedores de nada na vida. Isso não é sobre sabedoria, é sobre se valorizar.

Não dá mais para você ter medo de ser reconhecido por você mesmo. Confie no seu coração, na sua consciência, na sua intuição, na sua sabedoria interna, nos sentidos do teu corpo e nas bênçãos do teu espírito.

Não permita que o medo te impeça de viver a vida que você merece, não tenha paredes nem muros, apenas horizontes.

23

Se você não é feliz com tudo que você tem, você não será feliz com tudo aquilo que te falta. Os seres humanos não nascem só das suas mães, a vida os obriga a dar à luz a si mesmo várias vezes, porque a vida nunca vai te perguntar se você está pronto ou não, para certas coisas. Ela apenas vai te dar o desafio, e sorrindo ela vai dizer: Se vira. Não esteja tenso, esteja pronto, não esteja rígido, seja flexível, não pense, sonhe. Você tem que estar totalmente, suavemente alerta, acordado, vital e preparado para tudo que for. A força do guerreiro não está no ataque, está na resistência. A melhor maneira de viver bem, é lutar todos os dias por aquilo que você acredita, e a cura não significa que a ferida nunca existiu, significa que a ferida não controla mais a tua vida. E se restou alguma cicatriz, significa que você lutou e venceu. É o seu troféu de superação.

24

Não tente adivinhar o que as pessoas pensam a seu respeito. Faça a sua parte, se doe sem medo. O que importa mesmo, é o que você é. Você não está em competição com ninguém, você corre a sua própria corrida. Não deseje ser melhor que ninguém, afinal cada um corre do seu jeito e nenhum jeito é igual ao outro, todos são diferentes. Nem nas próprias fotos as pessoas são iguais a elas mesmos. Usam filtros e manipulações que as deixam algumas vezes irreconhecíveis. As mídias sociais criaram um estilo de vida perfeito e cada vez mais as pesssoas estão descontentes por compararem suas vidas com aquelas postagens de felicidade e perfeição que não é real. Não se compare aos outros, seja você mesmo, independente da opinião alheia. Seja melhor do que você foi antes, melhor a cada dia. A sua melhor versão te livra da competição.

25

T odo mundo fica mais bonito com uma boa luz e essa luz vem de dentro e se chama brilho próprio. Enquanto você tiver o remo poderá escolher o rumo. Continue remando e se livrando das pessoas que têm muito a falar e pouco a dizer. E se na tempestade o barco balançar, mantenha os remos firmes sabendo que nem sempre podemos ter todos os dias bons, mas podemos ter algo bom todos os dias, pois no final da tempestade vem a bonança.

Você tem que se amar muito, muito mesmo, para não aceitar o cargo de ser segunda opção de ninguém. No caminho da vida encontramos pessoas rastejando e mendigando atenção e amor alheio de quem já demonstrou não amar ninguém. O que dizer destas pessoas que mendigam amor? Só podemos dizer que mais do que amor alheio, lhe falta amor próprio. Como poderá amar alguém quando não se ama? Em primeiro lugar: Ame-se.

26

Quando falamos em dores e sofrimentos, pensamentos e imagens de quem padece vem à mente. Alguns sofrem com as dores físicas, outros dói a alma. Seja qual dor te aflige, mantenha o pensamento positivo e fortaleça sua fé.

Uma vez um médico comentou: "A maioria das pessoas hospitalizadas estão doentes da alma, colocaram em suas mentes que estão doentes e o corpo obedece. Na verdade são pessoas que carecem de atenção e amor".

Há momentos que tentamos definir de onde vem a dor. E na realidade não doem as costas, doem as cargas que carregamos nos ombros e da mente inquieta, não doem os olhos, dói a injustiça, não dói a cabeça, dói os pensamentos, não dói a garganta, dói aquilo que não se expressa, o que se exprime com raiva, não dói meu estômago, dói o que a alma não digere. Não dói o fígado, dói a raiva contida, não dói o coração, dói o amor. E é precisamente aí, o amor mesmo, quem contém o mais poderoso remédio para todos os males.

27

Na era digital, para se escolher a melhor foto,
registram-se várias. E em muitos casos, em algum
momento será excluída de nosso arquivo digital.
Mas a fotografia que você tira com os olhos é a
mais bonita, porque ela nunca desbota e nunca será
apagada do acervo da memória. E no decorrer da
vida visitamos e fotografamos muitos lugares
maravilhosos e paradisíacos, mas no fundo não há
melhor lugar para se estar, do que estar em paz.
Mude, reescreva a sua vida , edite. Afinal a vida é
sua grande obra prima, mas nunca esqueça que o
travesseiro mais macio que existe é aquele que
você adormece com a consciência tranquila. Existe
paz de espírito em saber que fez o melhor que
podia, que tentou. E mesmo que deixou algo para
trás, as desistências falam de ti tanto quanto o que
levaste adiante. Os nãos que dissestes, as renúncias
que fizestes, os amores que não vivestes. Porque a
vida é assim, até o que escolhemos não viver segue
vivo dentro de nós, mesmo que não percebemos.
Tudo está se ajeitando nos estreitos esconderijos da
alma.

28

Ninguém é superior, ninguém é inferior, mas ninguém é igual. As pessoas são únicas, incomparáveis. Você é você, os outros são os outros, e o mundo não se divide em pessoas boas e más. Todos temos dentro de nós luz e trevas. O que importa é qual lado decidimos seguir. Isso é o que realmente somos e nem sempre nos sentimos confortáveis com nossas atitudes, mas precisamos acolher o nosso eu inferior com amorosidade para que este eu superior possa tomar as rédeas com clareza e vontade. No final das contas ser bom ou ruim depende de nós mesmos, de qual lado alimentamos mais.

29

Carinho é tocar com respeito o mundo do outro. A serenidade vem quando trocamos expectativa por aceitação. E se ninguém é perfeito, vamos ser um pouco mais tolerantes com as imperfeições alheias. Claro que há situações que definitivamente são difíceis de aceitar. Quando nos doamos exageradamente por alguém que não está nem aí, é caso de se pensar ou cair fora. Talvez estamos nadando contra a correnteza. Então pare de nadar oceanos por quem não pula nem uma poça d'água por você. A paixão passa, o amor passarinho. Paixão é asa, o amor é ninho, pouse.

30

Somos ímãs energizados. E quando você reclama da vida, você atrai uma energia, que cria a situação para ter motivos para reclamar de verdade. Em vez de reclamar, perceba as bênçãos que a sua vida tem. Estar vivo é a maior bênção. Ter saúde também. Já pensou que tantos padecem em um hospital, implorando por saúde, por mais um dia de vida e você não se dá conta destes valores? A vida é um constante aprendizado, um salve para você que aprendeu com seus erros, para você que deu a volta por cima, para você que perdoa de coração, para você que só se importa com quem se importa e para você que calou a boca de quem duvidava. Um salve para você que se ama. Um salve para a vida.

31

Se você ama ficar em casa com as suas coisas, as pessoas precisam te respeitar e entender que está tudo bem. Se você gostar disso e ser feliz assim, ótimo, afinal a vida é sua. Tudo na vida tem limites e quando as pessoas se intrometem demais na nossa vida, somos obrigados a dar um chega pra lá. E se ninguém é igual a ninguém, somos todos menos alguns. Trabalhe duro para ter a vida que você sonha, batalhe pela sua individualidade, pela sua independência, mas na jornada árdua de tantas conquistas, não se esqueça de ser feliz com o que você tem.

32

Vivemos cada dia mais ansiosos porque nos cobramos demais. Queremos que os resultados apareçam imediatamente. Estamos sem paciência para esperar qualquer coisa, e para tua própria saúde, aprenda a relaxar. Faça uma coisa de cada vez, reserve uma hora do dia para cuidar de você, deixe o celular de lado por algumas horas e, sobretudo respeite os limites do teu corpo. O cansaço mental provoca sintomas físicos, por isso esteja atento. Procure ter mais qualidade de vida. Não fomos feitos para sermos fortes o tempo todo. E tudo bem, é normal achar que não vai dar conta, sentir medo, achar que não é capaz, que não vai conseguir. Cuide de sua mente, sua saúde, descanse. Depois que descansar, levanta, dê a volta por cima, sacode a poeira, volte com tudo para sua vida, para sua luta e vença.

33

Gentileza é a forma mais bonita de ser sol no dia nublado de alguém. O verdadeiro amor não mora nas palavras, o amor mora nas atitudes. Quando alguém faz parte de nossa vida e existe amor, deixamos espaço suficiente para que ela respire.

 Amar não é prender, amar é deixar livre. Quando existe respeito na relação, esta liberdade significa não ter medo de perder. Pois quem ama fica, quem ama se faz presente, nos respeita e trata bem. A pior coisa que você pode fazer nessa vida é deixar alguém se sentir confortável quando te trata mal.

34

Ame quem cuida de você, quem zela por você.
Diga sempre para esta pessoa o quanto ela é
especial, o quanto estar com ela vale a pena. Desejo
que no seu relacionamento você seja tão feliz, que
você não saiba se você vive ou se você sonha. Por
isso valorize, sinta, se importe, viva cada momento
como se fosse único e que seja recíproco esta
atenção.

Saiba sempre de duas coisas, quando tudo estiver
bom seja grato, quando tudo ficar ruim vai passar.
Toda tempestade em algum momento acaba, e nada
como um dia após o outro, pois sempre que a
tempestade acaba, vem um lindo dia de sol.

35

Você só vai conhecer as pessoas que estão ao seu lado no dia que você não tiver nada para oferecer para elas. Pois o amor e a amizade são gratuitos, são inexplicáveis, se doa, não se cobra, não se vende, não tem preço, apenas se sente.

Lembro-me de um grande amigo que realizava muitas festas, sempre rodeado de incontáveis pessoas. Lamentavelmente teve problemas do coração, fez cirurgia e mesmo assim acabou falecendo. Desde o momento que ele estava hospitalizado, nas visitas que fiz, percebia que não tinha tantos amigos assim, e tive a certeza em seu velório. Só os verdadeiros ali estavam. Aquelas pessoas das festas, só eram amigos na alegria, e se aproximavam por interesse. Este é um exemplo que devemos refletir, pois não importa a quantidade de amigos ou pessoas em nossa vida, importa a qualidade. Na alegria, na tristeza, na saúde ou na doença, riqueza ou pobreza, verdadeiros amigos, quem ama, nunca abandona.

36

Goste sempre que te digam a verdade, depois você decide se ela dói ou não. Nos dias atuais a maioria das pessoas são obcecadas por redes sociais onde toda postagem necessariamente precisa ter muita aprovação alheia, através de curtidas e elogios. E há casos da postagem ser eliminada por não atingir o objetivo ou satisfazer o ego. Levamos isso para a vida real onde constantemente nos preocupamos em impressionar os outros e acostumamos com apenas elogios que nem sempre são sinceros. Isso vira uma obsessão e leva à depressão pois haverá momentos que a ficha cai, onde encontramos alguém com opinião contrária e talvez naquele momento seja uma opinião sincera. Desacelere esta cobrança pela vida perfeita, ela não existe. Seja mais real, aceite ser normal. Ter um corpo que não seja fabricado na academia ou retocado por aplicativo, significa ter amor próprio. Aceite elogios mas não infle o ego. Aceite as críticas se forem verdadeiras e melhore. Mas jamais aceite bullying com sua aparência, por ser diferente.

37

Todos deveriam fazer jejum. Jejum de não falar
nada que faça mal as outras pessoas. Mas há quem
tenha mente pequena e boca grande proferindo
comentários que a melhor resposta é o silêncio. Há
pessoas de mal com a vida, odiando todos e todo
mundo, que devemos desviar do caminho. Quando
decidimos que nada nem ninguém irá nos ofender,
decidimos ser feliz. A raiva, o ódio é do outro, está
no outro, deixe com ele e não absorva isso.
Independência psicológica é estar com a mente em
paz. É não deixar que o mal alheio afete seus
pensamentos. Amor próprio é se aceitar. Se
permita furar a dieta, sair de casa sem maquiagem,
postar fotos sem edição. Esqueça um pouco a busca
pela perfeição e os padrões impostos pela
sociedade. Isso se chama personalidade. Você é
muito mais do que a sua aparência, por isso não se
sinta culpado por fazer sempre o que é melhor para
você. Isso se chama felicidade.

38

Em uma relação há momentos que podem existir desentendimentos. Mas preste bem atenção, quando uma pessoa fica quieta numa briga, ela pode estar fazendo a mala e sair fugida. Uma pessoa calada às vezes é uma pessoa que já deixou de amar, cansou de tentar. Essa necessidade de falar as coisas de explodir, dramatizar, muitas vezes é só uma forma de dizer: Estou tentando. Quando o silêncio chega, às vezes a vontade de tentar já se foi. Alguns relacionamentos não se encaixam mais. Não adianta insistir. Quando tentamos manter a qualquer custo uma pessoa que não ama a nosso lado, as coisas tendem a piorar. Talvez não seja a pessoa certa para você.

A pessoa certa não vai aparecer enquanto a errada estiver ocupando a vaga.

39

Se ame o suficiente para estabelecer limites. Seu tempo e energia são preciosos. Você tem o direito de escolher como utilizá-los, e ao decidir o que você irá ou não aceitar, você está ensinando as pessoas como te tratar.

Não queira perfeição de ninguém, porque perfeição você não pode retribuir. Queira apenas sinceridade. Ainda que cada nota musical tem o seu próprio tom, somente juntas elas fazem uma música, e quem bate na mesma tecla ouve sempre o mesmo som. Quem não se aceita, se recusa a saber quem é, será sempre o que os outros dizem que a pessoa é. Se você não eliminar algumas coisas da sua vida essas coisas vão eliminar a vida que há em você. No final das contas, tem gente que acha que vai te fazer falta, mas na verdade vai te fazer é um favor.

40

Quando tocamos em algo, deixamos as nossas impressões digitais. Quando tocamos a vida das pessoas deixamos nossa identidade. A vida é boa quando a gente está feliz, mas a vida é bem melhor quando os outros estão felizes por causa da gente. Seja fiel ao tocar o coração dos outros, seja uma inspiração. Nada é mais importante e digno de praticar do que ser um canal de benção na vida.

Nada na natureza vive para si. Os rios não bebem sua própria água, as árvores não comem seus próprios frutos, o sol não brilha para si e as flores não sentirão sua própria fragrância. Viver para os outros é uma regra da natureza. Todos nascemos para ajudar uns aos outros, não importa o quão difícil essa situação esteja, continue fazendo o bem para os outros e quando o ódio falar mais alto fique surdo.

41

Acredite que dias melhores virão, que o sossego para o seu coração está a caminho. Enquanto esse dia não chega vigie seus pensamentos, foque no que irá trazer paz e conforto para sua vida. Converse em pensamento com Deus, e principalmente antes de fechar os olhos para dormir, peça tranquilidade, e uma noite de sono bem dormida. Se a busca pela felicidade depende de conquistar alguém, por maior que seja sua vontade de ser feliz com esta pessoa, não vale a pena perder uma noite de sono. O nosso tempo é diferente do tempo de Deus, por isso acredite, dias melhores virão. Tenha calma e prepare-se para esses dias gloriosos.

42

Se alguém se sente incomodado com a sua presença, é porque conhece o seu brilho sabe da tua força, inveja o seu caráter e teme que os outros vejam o quanto a sua alma é mais evoluída. Não é a aparência, é a essência. Não é o dinheiro é a educação e a honestidade. Não é a roupa, é a atitude e o bom caráter. Ao longo da vida percebemos que a nossa presença incomoda muitas pessoas, afaste-se delas, são as que te abraçam, bajulam e por sentirem inveja te apunhalam pelas costas. Inveja faz mal a quem sente. Inveja faz mal ao invejoso, não ao invejado. De qualquer maneira se benze, afinal você não é de ferro, você é de fé.

43

Não julgue Como felizes aquelas pessoas que possuem bens materiais. Quem possui muitas coisas e coloca isso na frente de tudo, pode simplesmente estar tentando fechar o grande buraco que existe dentro da sua alma.

Tristeza, solidão tudo permanece lá. Antes de desejar coisas, encontre quem valorize receber amor, paz, parceria e olha, não adianta vigiar, prender, checar mensagens do celular, ligar o tempo todo. Nada disso. A fidelidade só é verdadeira se for espontânea, a gente se engana demais por medo do fim, mesmo quando nosso coração implora por sossego e paz, dessa maneira você não precisa de alguém que não quer estar do seu lado, alguém que não esteja de corpo e alma. Lembre-se... Quando a Noite esconde a luz, o universo acende as estrelas.

44

Saiba você, que a vida é cheia de altos e baixos e uma hora a gente tropeça, mas isso não quer dizer que o chão é o nosso fim. Se levante, erga a cabeça e continue. A vida é um treinamento onde só vence essa guerra, aquele que vence seus próprios medos. Cuide de você, cuide do seu coração, cuide da sua vida e não espere que o futuro mude milagrosamente o teu destino. O futuro é consequência desse presente que você vive e constrói agora. E o equilíbrio não é uma questão de melhor gestão de tempo, mas sim de melhor gestão de limites, equilíbrio significa você tomar decisões e estar satisfeito com elas. Pois os erros são para fazer a gente aprender a admitir o quanto somos frágeis. E consertar, pedir desculpas, é sinal de amadurecimento. O segredo da paz mundial é cada um tomar conta da sua própria vida.

45

Não é raro que um estranho se torne próximo da gente e que um familiar se torna um estranho. É que a empatia que sobra num, falta no outro. Laços sanguíneos nunca garantiram afeto. É o afeto que torna os laços de sangue importantes, pois nunca saberemos o quanto somos fortes até que ser forte é a última opção que a gente tem. Algumas vezes familiares nos abandonam e amigos acolhem. Por outro lado há quem passe uma vida se esquivando da família, rodeado de amigos e no final da vida só pode contar com a família. Nos dias atuais construir uma família em uma sociedade falida de afetos é um desafio. Pais são abandonados por filhos ingratos, novos pais mal educam seus filhos para compensar a ausência causada pelas suas carreiras e excesso de trabalho. Esquecem que é mais fácil construir crianças fortes do que consertar adultos quebrados. Dois dos maiores luxos da vida é ter saúde e estar com aqueles que amamos.

46

Nem tudo que você perde é uma perda, não se esqueça que a multidão que aplaude o seu coroamento, é a mesma que grita pela sua decapitação. Esse povo quer é show.

Loucos são os que mantém relacionamentos ruins por medo da solidão. Quem vive a sua própria vida tem mais Vida Vivida. Não viva a vida dos outros e cuidado com o seu ego, o pavão de hoje pode ser o espanador de amanhã.

Dostoievski já dizia: Somos assim, sonhamos o voo mas tememos a altura. Para voar é preciso ter coragem para enfrentar o terror do vazio, porque é só no vazio que o voo acontece. O vazio é o espaço da liberdade, a ausência de certezas, mas é isso que tememos. O não ter certezas, por isso trocamos o voo por gaiolas, as gaiolas são lugares onde as certezas moram, então eu te incentivo: Nada de gaiolas. Pessoas vão e vem, e você fica. Trate-se com carinho, pois o que temos nós deixamos, o que somos nós levamos. E aquilo que nos machuca também nos ensina, aquilo que dói também nos fortalece, sabe o que cura um coração que dói? Recomeçar.

47

Às vezes pensamos que a saudade só foi feita para machucar, mas aí os dias vão passando e percebemos que ela é a maneira mais clara e correta de sabermos o quanto gostamos de alguém. Portanto, agradeça enormemente a pessoa amiga que te faz rir, ser melhor, ver mais além, seguir em frente, levantar, ser forte, lutar e acreditar.

Um dia, de nossos amigos iremos nos separar. Sentiremos saudades de todas as conversas jogadas fora, de todos os sonhos que tivemos. Os dias vão passando, meses, anos, até o contato se tornar cada vez mais raro. Um dia nossos filhos verão aquelas fotos e perguntarão, quem são essas pessoas. A saudade vai bater e com os olhos cheios de lágrimas nós vamos responder que foi com essas pessoas que vivemos os melhores anos de nossas vidas. Apressa-te a viver bem, acredite que cada dia é por si só uma vida.

48

Doar é um ato de consequências inversas, você sempre recebe muito mais do que aquilo que você doa. Não guarde nada para ocasiões especiais. A ocasião especial é essa que você está vivendo agora. Que você nunca se perca na bifurcação da estrada que te leva, que nunca perca a força que te levanta, o amor que te humaniza e a razão que tinha. Pessoas fracas se vingam, pessoas fortes perdoam, pessoas inteligentes ignoram. Não confunda nunca sabedoria com conhecimento, o conhecimento te ajuda a ganhar a vida e a sabedoria constrói uma vida boa. Nem sempre podemos escolher a música que vai tocar mais sempre podemos escolher o jeito com qual vamos dançar essa música. Assim são as flores, elas não competem com o Jardim, elas apenas florescem e brilham sozinhas. Pare de se punir comece a se valorizar, a florescer.

49

Quando você acorda, você nunca sabe as coisas que estão reservadas para você no dia que está começando. Você pode escolher ser uma vítima e passar o dia inteiro se queixando de todas as coisas que acontecem com você, mas também pode respirar fundo e sair da cama com a mentalidade de um vencedor, pronto para lutar e conquistar a felicidade. O bom lutador não desiste da batalha, mas ganha fôlego, cria ânimo e retorna para a guerra. Então não desista de lutar pelos seus sonhos, porque ao cansado a vida dá forças, ao abatido o ânimo, e ao triste a vida dá alegria de viver. Então declare todos os dias que você é muito mais do que um vencedor. Não se irrite, sorria. Não critique, auxilie. Não grite, converse. Não agrida, pare. E por falar em amor, você já se amou hoje?

50

Ser forte é caminhar com certeza, mesmo cheio de dúvidas. É acreditar quando ninguém mais acreditar, é esperar alguma coisa de bom quando todos já desistiram. Portanto ande de mãos dadas com você, só com você, e ninguém mais. Seja feliz do seu jeito, amando sem esperar nada em troca e que isso te baste. Quando amamos, nos doamos. Quando fazemos o bem, recebemos o sentimento de bem estar, quando nos dedicamos de coração à alguém de forma gratuita, sem cobrança, sem exigências...isso conforta e preenche o vazio da alma.

51

 Porque alguns amigos mentem e outros se afastam? Alguns mudam, muitos vão embora. Há milhares nas redes sociais, que te juram amor e fidelidade eterna, mas não conte com eles, não precise deles, pois o tombo, a decepção será grande. A realidade é dura quando você em algum momento deles precisar e não poderá contar. Não se engane....muitos que você considera amigos que desapareceram na sua dificuldade, nunca foram amigos. Você não precisa deles. Mas os verdadeiros amigos são leais, ainda estão aí contigo, para vencer na vida. Valorize-os, ame-os, pois é recíproco. Voltamos a falar que quantidade não é qualidade...Prefira qualidade, constância em quem pode contar, quando mais precisar.

52

Exija muito de você mesmo e pouco dos outros, pois sobre você há controle, quanto aos outros nunca se sabe a intenção. Viver é planejar, é sonhar, e fica tranquilo se o plano A não deu certo, o alfabeto tem mais 25 letras para você tentar. O que a gente sabe não tem valor, o que tem valor é o que a gente faz com o que a gente sabe.

Por mais que pensamos saber algo da vida, no fundo tudo tem seu tempo e o que o tempo mais nos pede é paciência, paciência na vida é um caminho, não se pode começar a andar e já querer chegar ao destino, mas basta um passo e você já não estará mais no mesmo lugar.

53

Muitos querem aquilo que você tem, mas vão
desistir ao saberem o preço que você pagou.

Pobre não é aquele que não possui dinheiro, pobre
é aquele que não possui caráter.

 Quando estiver sozinho vigia teus pensamentos, se
o coração estiver vazio o resto não importa, por
isso valorize e preze pelos seus sentimentos, cuide
de seu coração. Dê valor aos seus entes queridos,
são os que mais desejam o seu sucesso, o seu bem
estar. Quando estiver em família vista a tolerância,
quando estiver com raiva, vigia a tua língua.
Maturidade é saber falar eu errei, é ter ousadia para
dizer me perdoe e ter capacidade para expressar:
Eu preciso de você. Porque se você alimenta o
orgulho, o amor morre de fome.

54

Afaste-se de toda negatividade que te ronda, tenha calma, tenha paz na alma. A felicidade que você procura, mora dentro de você e caso a tua vida não esteja lá muito boa, seja paciente. Coisas boas acontecem para quem trabalha o bem. O bem amar, o bem gostar, o bem tratar, o bem estar. Os obstáculos vão surgir, a maldade vai tentar sabotar o teu caminho, e você vai ter duas opções: prosseguir ou desistir. A escolha é sua, e eu quero muito que você prossiga, porque aquele que vai até o fim, alcança o melhor da vida, realiza sonhos. Não tenha medo, tenha fé, não tenha dúvidas, tenha certezas, de que no final tudo dará certo. O pensamento e a fé vivem em reciprocidade, sentimentos de um coração compreendendo as batidas no compasso da vida e das emoções vividas.

55

Se alguém está sentado na sombra de uma árvore
hoje, é porque alguém plantou essa árvore há muito
tempo atrás. A semente de hoje será a colheita de
amanhã. O que você está colhendo hoje, é resultado
do que plantou no passado. Então aceite as
consequências das escolhas que você fez. E se não
gostar do que está colhendo, está em tempo de
mudar a semente, de semear coisas novas. Quando
você partilha da sombra da árvore que você plantou
com alguém ingrato, a melhor forma de fazer esta
pessoa valorizar o que você faz é de vez em
quando, parar de fazer. As lições da vida serão
repetidas até que você aprenda. O mal de todo
malandro, aproveitador e ingrato, é achar que só a
mãe dele fez filho esperto.

56

Não existe tempestade que não tenha fim, e
enquanto a tempestade não passar aprenda a dançar
na chuva. Para uma boa colheita tem que haver
irrigação, tem que chover e dias de sol para crescer.
Todas as fases da natureza são necessárias para que
haja frutos. Em nossa vida não é diferente, temos
que passar pela dor para valorizar o bem estar.
Muitas vezes os tombos são necessários para nos
reerguermos mais confiantes e fortes. Mas fica
difícil aceitar críticas construtivas de alguém que
nunca construiu nada. E se somos guiados pelo
exemplo, não deixe que os infelizes e amargurados
tenham o direito de lhe entristecer, aliás saia
dizendo para todo mundo que você decidiu ser feliz
porque isso faz bem para sua saúde.

57

Um sinal de que a pessoa está amadurecendo, é quando ela descobre que o botão de volume também gira para o lado esquerdo. Algumas pessoas podem demorar, mas um dia crescem, um dia amadurecem, um dia aprendem que a melhor sala de aula do mundo se chama vivência, e que não à toa, rima com experiência. O tempo nos ensina que quanto menos tempo a gente tem, mais coisas a gente quer fazer. Que ter uma criança adormecida em nossos braços é uma das coisas mais pacíficas deste mundo, e o tempo nos ensina também que só se deve dar conselhos em duas ocasiões: primeiro quando é pedido, e depois quando for questão de vida ou morte.

58

Não importa quanta seriedade a vida exige de nós, devemos sempre ter um amigo brincalhão, para rir até nos momentos de tensão. Se desta vida não levamos materiais adquiridos, que possamos levar momentos de felicidade vivida, com grandes amigos queridos. O dinheiro compra muitas coisas, mas não compra classe, não compra sinceridade, não compra felicidade. São as pequenas coisas da vida que tornam essa nossa existência fabulosa e justificam toda a experiência do ser em viver. São raras as pessoas que nos encantam pelo que são, a maioria está preocupada em mostrar o que tem. Uma bela casa, um carro de luxo, aparência física, usando roupas de grife. Em um mundo material, se esquece do espiritual e que a alma também deve estar bonita e agradável. E se a vida é uma constante despedida do que somos agora, para o que vamos ser, chegou a hora de valorizar o sentimento, o que está dentro do peito, enquanto é tempo antes de morrer.

59

Tudo é relativo, pois durante a vida haverá
momentos que também compensa perder. Às vezes
você precisa estar com as mãos vazias para agarrar
com as duas, a grande oportunidade que está
chegando. E não tenha vergonha das suas
cicatrizes, elas mostram que você foi mais forte do
que aquilo que tentou te destruir. Cicatrizes são
histórias, batalhas vencidas que ficam na memória
e te deixam fortalecido. Cure suas feridas, não
lamente o ocorrido. Nem sempre o que acontece é
infortúnio. Dias calmos o mar nos traz paz, mas o
mar calmo por outro lado não faz bons marinheiros.
E somente nos dias de tempestade que o mar mais
nos ensina, a amar sem medo e rezar com fé.

60

A coisa mais importante que descobri sobre a dor, é
que ela não pode ser ignorada. Enquanto ainda
necessita ser sentida, na hora certa vai passar.
Talvez você não saiba mas as pessoas que parecem
mais fortes são as mesmas que escondem as feridas
mais profundas. Por trás de uma pessoa que sorri,
sempre há uma história de superação, o desejo que
ninguém perceba. Nem sempre chorar em público e
reclamar nas redes sociais será a solução. Muitas
daquelas pessoas não desejam nosso bem. Pessoas
fortes engolem o choro para que os outros não
vejam, e choram no escuro, sozinhas. Mas chorar
faz bem, e em alguns casos esvazia toda aquela
sensação de angústia e de dor que estamos
sentindo. É o momento que se o fardo estiver
pesado, e antes de qualquer decisão devemos ligar
para nossa melhor amiga. Todos temos um melhor
amigo ou amiga que nos escuta nestes momentos.
O desabafo faz milagres quando é feito para a
pessoa certa. Um abraço é terapêutico, saber que
podemos contar com alguém é reconfortante. E
independente de qualquer coisa, saiba que o maior
amigo de todos que irá curar sua dor se chama
Deus. Você sempre pode contar com Ele e a melhor
maneira de falar com Deus é a oração.

61

Admire a beleza dos outros sem questionar a sua religião. A religião de cada um é sagrada e deve ser respeitada, assim como sua vida social, pessoal e sexual. Se você não tem interesse em se relacionar com aquela pessoa, socialmente, religiosamente ou sexualmente, então não lhe diz respeito. O mundo só terá seres evoluídos espiritualmente quando aprenderem a amar o semelhante sem julgar. Cada dedo apontado para o outro, há quatro apontados para você. Trate o outro como gostaria de ser tratado, gentileza gera gentileza. Quantas pessoas em algum momento de sua vida, que seus atos criticaram, suas decisões opinaram, sobre tudo o que lhe diz respeito, mas jamais pagaram as suas contas? Então vamos combinar o seguinte, para cada defeito que você apontar nos outros, você fica obrigado a corrigir um em você. Dessa forma você passa menos tempo falando dos outros e mais tempo se melhorando. Melhorar como ser humano e ter autoestima não são teorias, são práticas diárias. Cresce quando você gosta do que você faz, do que você fala, do que você cria e do que você passa de bom para cada pessoa que você encontra.

62

Se algo não te desafia, não te transforma, se você procura uma pessoa que possa mudar a sua vida, se olha no espelho.

 E de repente você entende que precisa acordar, mesmo sabendo que você não está dormindo e aí você decide ser feliz por que as outras decisões vão ficar mais fáceis. Aprenda que o seu fracasso é um sucesso se você aprender com ele, pois todo tombo que levamos nos ensina a mudar o caminho e ter mais equilíbrio. Ao longo desse caminho você vai conhecer todos os dias, milhões de máscaras e pouquíssimos rostos, porque em um mundo feito de aparências, feliz daqueles que são feitos de verdade. Uma pessoa dona da razão, geralmente não tem noção da realidade, por isso aprenda não bater de frente com quem só entende o que lhe convém. Quem cala nem sempre consente. Calar é a melhor maneira de não se nivelar à ignorância de quem ofende.

63

Um andarilho perguntou ao sábio no caminho. O que é o perdão? O sábio respondeu: é a fragrância que sai das flores quando elas são esmagadas por muito tempo.

Na vida você pode ter sofrido muito. Pode ter sido esmagado pelas dificuldades, mas você foi aquilo que você pôde, por isso agora seja aquilo que você sempre quis ser. Você é a essência da vida, o melhor perfume criado ao longo de sua vida, que mesmo sofrida exala energia e perfume. Exale alegria, ainda que tenha motivos para chorar. Lute com todas suas forças para manter pensamentos produtivos e positivos. Use todos estes acontecimentos de forma sábia, pois tudo que vem para você, vem com algum propósito, assim como tudo que vai, vai por alguma razão. O que fica é o essencial. Perdoe quem te machucou, pois estes ferimentos transformaram você em uma linda e perfumada flor.

64

Desperte o melhor em você. Pense em uma maneira melhor de viver a vida. De que vale a vida se não encontrarmos nosso próprio caminho? Sermos verdadeiramente feliz, bem sucedido, é o que todos desejamos. Mas já percebeu o quanto desperdiçamos tempo em algo que não nos realiza completamente? Quantos registros em carteira de empresas e funções diferentes carimbamos ao longo da vida, somente para seguir o fluxo, seguir a vida, se manter, sem que realmente amávamos aquela profissão? É hora de você rever esta situação e se perguntar: O que realmente me faz feliz? O que irá me realizar profissionalmente? O que falta em minha vida? Responder para si mesmo estas perguntas é o primeiro passo em um caminho que poucos percorrem em busca da felicidade. Falar é fácil, claro. E esse é um simples conceito, a questão é que se torna muito difícil partir para a ação, e muitos podem demorar a vida toda para conseguir. E se um ideal custa uma vida, pode durar uma eternidade.

65

Todo campeão, todo vencedor, para conseguir seu ideal, precisa fazer um trabalho excelente, terá muitas provações e dificuldades em todas as etapas. Todo sonho precisa ser devidamente trabalhado para se realizar. Tudo o que vale a pena fazer na vida, nem sempre é fácil e rápido. Acreditar que o sucesso é questão de sorte e só acontece com os outros, são desculpas. É necessário sair da zona de conforto, planejar e se arriscar o suficiente para que isso aconteça. As pessoas que chegaram ao topo, tiveram que escalar todos os degraus desta escada íngreme e irregular do percurso. Para que um atleta chegue em primeiro lugar, ele precisa fortalecer seus músculos, criar resistência, calcular o trajeto, se privar de alguns alimentos, de festas com amigos e treinar, treinar incansáveis horas, meses e até anos. É impossível pensar em uma maneira de encurtar o caminho, de pegar um atalho. Você só atingirá seu objetivo se fizer o que tem que ser feito. Independente em qual fase você se encontra, batalhe, corra atrás de seus ideais, lute pelos seus sonhos. Nunca é tarde.

66

As dificuldades que você possa estar passando na vida, irão te fortalecer. Saiba que tudo passa. Tudo bem que você não acredita em anjos e seres de outras dimensões, mas deixe os livres, para fazerem o trabalho necessário, eles irão ajudá-lo assim mesmo. Crer no invisível não é fácil, o invisível para muitas pessoas é uma força inexplicável, depende da esperança e da fé. Deus não dá uma cruz mais pesada do que podemos carregar. Ele nos dá a lição e as provas conforme os níveis de entendimento e evolução de cada espírito. Busque sempre compreender suas limitações e as dos outros, sem jamais perder a esperança e a fé. Esperança e fé são antídotos de cura essenciais do espírito, para mantermos nossa cabeça erguida, seguirmos com passos firmes e ombros fortes, independente do fardo que se carregue. Deus te fez perfeito e você deve manter a sua saúde física, emocional e espiritual através da fé, com esperança. Dias melhores virão, pois você é merecedor, você é filho de Deus. E lembre-se, Deus tudo pode e no final tudo passa.

67

As pessoas que nos cercam, sejam amigos ou
familiares, fazem parte de nossa vida sentimental.
O convívio às vezes pode ter conflitos e passar por
provações. Mesmo assim, acreditamos que sem eles
a vida pode ser vazia, triste e mais desafiadora. Por
isso nunca responda se estiver com raiva, nunca
prometa nada quando estiver feliz, e nunca tome
uma decisão enquanto estiver triste. Se a pessoa é
tua amiga nos dias nublados, faça dela teu irmão
nos dias de sol. Devemos valorizar quem nos ama
incondicionalmente apesar de nossos defeitos.
Sentimentalmente falando, o amor se escreve
sempre com P. Paciência, paixão, perdão
persistência, permanência.

68

Se você sofre é para você. Se você se sente feliz, é para você. Se você se sente contente, é por você. Ninguém mais é responsável pela forma como você se sente. Você é seu inferno e o seu paraíso também. Seja quem você é, nunca tente ser o outro. Maturidade é aceitar a responsabilidade de ser quem você é, a qualquer preço. Arrisque tudo para ser você, isso é maturidade. Sempre que houver alternativas, tenha cuidado, não opte pelo conveniente, pelo confortável, pelo socialmente aceito. Opte pelo que faz o seu coração vibrar, pelo que você gostaria de fazer apesar das circunstâncias e de todas as consequências.

69

Viver é sonhar, é sentir com todos os sentidos. O sentimento é algo que não se toca, se sente, e somente aquilo que a morte não pode levar é real. Tudo mais é irreal, é feito da mesma substância de que são feitos os sonhos. Quando tentamos questionar o sentido da vida, um turbilhão de pensamentos e questionamentos invadem a mente. Por isso, para viver mais e melhor, não se preocupe, se ocupe. Ocupe seu tempo, seu espaço, sua mente. E não se desespere, espere a poeira abaixar, o tempo passar, espere a raiva desmanchar. Não se oponha, disponha de boas palavras, boas vibrações. Não se canse, descanse. Descanse sua mente, suas pernas. Não menospreze, preze qualidade, valores, virtudes. Não se incomode, acomode seu corpo, seu espírito, sua vida. Não desconfie, confie no seu sexto sentido. Não atrapalhe, trabalhe. Trabalhe suas frustrações, suas virtudes, não conspire se inspire, nas pessoas com talentos. Não se apavore, ore. Ore para sua fé, só assim viveremos, dias melhores.

70

Dois equívocos que o ser humano comete: sentir-se superior quando acerta e sentir-se inferior quando erra. Já parou para perceber que as pessoas educam para a competição? Esse é o princípio de toda a guerra. Mas por outro lado, uma cultura da paz, é quando educarmos nossas crianças para cooperação e para a solidariedade com os outros, onde haja respeito pela liberdade, tolerância e igualdade.

Educação vem de berço, é através do exemplo que se tem em casa desde cedo. De nada adianta chamar atenção de uma criança em público por algo que a deixamos fazer a vontade em casa. Uma criança mal educada, que não respeita as pessoas, não é culpa da escola, é culpa dos pais. Pais educam, professores ensinam. Eduque seu filho para que seja um cidadão de bem, sem preconceito, sem maldade. Eduque para amar, para somar, para brilhar. Neste mundo de guerras e maus exemplos, eduque para a paz.

71

Esteja tão ocupado melhorando a si mesmo, que você não terá tempo de ficar criticando os outros. Pare de ficar se queixando e reclamando. Ninguém gosta de ter como companhia uma pessoa pessimista e de mal com a vida.

Este seu pensamento negativo só atrairá doenças. Saiba que a mente é a causa de toda doença e o coração a fonte de toda a cura. Treine sua mente para ver sempre o lado positivo das coisas, e seu coração para amar mais. Não só os pensamentos atraem acontecimentos ruins para nossa vida, as pessoas também.

Afaste-se de pessoas negativas, pois para toda a solução que você arranjar elas terão um problema.

Vamos lá, levanta a cabeça e segue em frente, caminha seguro de si, porque aqueles que falam de você, vão ficar parados lá atrás, sem progredir. Quando eles perceberem você já progrediu tanto, que eles te perderão de vista.

72

Há momentos que a vida precisa de faxina. Isso significa fechar algumas portas e pôr fim em algumas histórias. Nem tudo cabe em sua nova etapa de vida. Você tem que ser corajoso para abrir mão daquilo que um dia teve significado para você e hoje já não tem mais.

Nem sempre é fácil encerrar um capítulo, porém às vezes o capítulo já se encerrou faz tempo e só você não percebeu.

Faça a faxina em sua vida, jogue fora as mágoas e deixe a tristeza ir. Afinal o que não soma, também não tem o direito de subtrair. Elimine o que não te faz bem, quem sabe só assim o novo vem.

Quando decidimos realizar esta faxina, a energia muda, o mundo gira e novas experiências acontecem. Talvez só com esta faxina a felicidade aparece.

73

O mundo muda com o seu exemplo não com sua opinião. Respeite sempre a opinião dos outros, enquanto a opinião dos outros não desrespeitar a existência de ninguém. Sabe aquela história do telhado de vidro? É real e funciona para todo mundo. Cada um tem seu telhado de vidro, ou se preferir, calcanhar de Aquiles. Ninguém gosta de gente que pisa em nosso calcanhar ou que se mete na vida da gente. Cada indivíduo preza pela sua individualidade e bem estar. Somos feitos de carne e osso, de sentimentos. Somos balões pequenos e grandes, não importa, mas balões cheios de sentimentos em um mundo repleto de alfinetes. E como tem gente alfinetando a vida alheia. Não há uma rede social sequer que volta e meia não vira caso de polícia, por preconceito, por língua comprida, por falta de noção e controle da maldosa mente cheia de malícia.

74

Aprenda, atração não é amor. A sua vida é linda demais para você ficar sofrendo por quem não merece, e continuar lutando pelo que não é recíproco. Aliás não confunda o que você merece com o que você aceita. Se você aceitar tudo para não ser mal visto, vai chegar a hora em que você deixa de ser visto. Não cobre amor por favor, não mendigue um sorriso, sorria. Não critique, fique e converse, explique. Se certifique, não complique. Uma boa conversa é melhor do que uma declaração, no final você pelo menos não continuará na ilusão. Quantos relacionamentos são empurrados, postergados, dissimulados. Amores mendigados que no final não valem a pena, pois saiba que a vida pode ser curta, mas não pequena. Faça algo para mudar não reclame. Sobre a vida, viva. A vida é aquilo que você fizer, portanto faça o melhor que você puder. Os seus direitos não devem ser confusos, de uma pessoa tratada como objeto de amor e não como objeto de uso.

75

Nenhum homem é uma ilha isolada, cada homem é
uma partícula do continente, uma parte da terra. E
se um torrão é arrastado para o mar aquele lugar
fica diminuído. Certifique-se que o lugar onde
você mora não está em corrosão, que a rotina e o
cansaço o estejam desvalorizando, menosprezando.
Onde moramos é um lugar sagrado, mesmo que
seja uma casinha de sapê, por mais simples que
seja, é ali que você deve manter a energia boa. A
casa onde moramos é nosso templo, deve estar
cheia de amor, com objetos que nos trazem boas
lembranças e nos fazem sentir bem cada vez que os
olhamos. Um teto pode ser qualquer lugar, mas
nossa casa é onde cada detalhe conta um pouquinho
de nós, de nossos gostos, de nossas manias, de
nossa história. Mantenha sua casa com boas
energias, com oração ou defumação, não importa.
Só não deixa a tristeza entrar, não deixa qualquer
um se acomodar. A energia de pessoas estranhas
pode atrapalhar, não há nada mais invasivo que um
estranho em nosso ninho. Cuida, preserve,
conserve, não deixa qualquer um entrar. Não há
lugar melhor no mundo do que nossa casa, onde no
aconchego que pode ser da maior simplicidade
podemos dormir um bom sono na maior felicidade.

76

Toda amizade é uma história particular, é uma história de conquista. Todo mundo parece igual, mas não é. São pedaços de nós que vão ficando nas conversas e pedacinhos do coração do outro que vão preenchendo o vazio da solidão dentro da gente. Aos risos e sorrisos da partilha de coisas simples, as descobertas, a voz calada que pensa e não diz nada. Não sabemos direito porque de nos sentirmos próximos de alguém tão diferente e tão igual, mas a amizade não se questiona, vive-se dela e pra ela. Que o outro ria de mim ou para mim. Mas ter amigos é estar em festa, é ter vontade de viver mais momentos juntos, amigos para qualquer hora, sem tempo e sem hora marcada. Ao longo de nossa vida muitas pessoas cruzam nosso caminho, mas só os verdadeiros amigos permanecem. Já foi dito que quem tem um amigo tem um tesouro. Amigo é quem nos conforta com sua presença, e quando precisamos tem sempre uma palavra de apoio. Amigo para prestar atenção, nos ouvir falar de nossos medos, angústias, derrotas, paixão. Amigo que torce por nossa felicidade, mantém a amizade, com muitas histórias e torce pela nossa vitória.

77

Culpas, desculpas e culpados são pesos desnecessários que travam nossos passos, corroem os laços e nos impedem de caminhar. Assuma a responsabilidade que lhe cabe, repare o que for possível e avance sem olhar para trás. De tudo que aprendemos sobre a vida podemos resumir em duas palavras: ela continua. E jamais compare sua vida com as postadas nas redes sociais, com filtros por toda parte, onde lágrimas não são bem-vindas e só o melhor ângulo tem vez. Largue um pouco a vida virtual, contemple a paisagem, sem ser através de uma lente ou tela de celular. As melhores coisas da vida são vividas, são reais e não virtuais. Registre com seus olhos a beleza do mundo, sinta o cheiro das flores, toque a natureza com suas mãos sem destruí-la, para que outros também a apreciem.

Se existe lei do retorno, se tudo o que plantamos colhemos, se você plantou, espere. Confie com paciência e sem pressa. Não arranque as sementes todos os dias para ver se ela está nascendo. É a chuva quem faz florescer as plantas e não o trovão.

78

Há quem tenha o melhor líder o melhor mestre, o melhor sábio, o maior amigo e mesmo assim, fracassa. O problema não é a liderança, a companhia. Não importa com quem você estiver, se a sua atitude não for produtiva, não for positiva, não mudar, se o seu caráter não se transformar, você será sempre a mesma e péssima pessoa. Mas se por outro lado você tenha feito tudo com carinho, tudo o que pode, se dedicado, esforçado e não alcançou o tão sonhado resultado, saiba que na vida às vezes quem perde o telhado ganha as estrelas. É assim mesmo, às vezes você perde o que tanto queria mas daqui a pouco você conquista o que nunca imaginou, pois nem tudo depende de um tempo, mas sim de uma atitude. O tempo é como um rio onde você jamais tocará na mesma água duas vezes. Então aproveite cada minuto da sua vida, não procure pessoas perfeitas, mas sim pessoas que sabem o seu verdadeiro valor. Que valorizam o dom da vida, que por sinal é curta, valorizam a família que é única, e valorizam os amigos que são raríssimos.

79

O ato de pedir desculpas não significa que você
está certo ou errado, significa que você valoriza
mais as relações do que seu próprio ego. Afinal não
existe travesseiro mais macio do que a consciência
tranquila. O ego inflado deixa qualquer um cego,
arrogante, prepotente, e totalmente solitário. Afinal
não há quem suporte a companhia de alguém
assim. E mesmo que em nossa sociedade há uma
busca incessante pela perfeição, devemos lembrar o
maior ensinamento de Jesus, de que Ele nunca
disse só me procure quando você for perfeito. E
quantas pessoas nos esquivamos por procurarmos
perfeição, quantos projetos não levamos adiante
por não ser do nosso jeito, quantos sonhos
esperamos pela hora certa, onde tudo possa se
encaixar. Na vida só não fica sozinho quem
entende as falhas do outro, na vida só vence quem
parte para a ação, antes feito do que perfeito. Quem
procura perfeição vive na solidão.

80

Só foge do diálogo a pessoa que tem medo da verdade. Não se deve banalizar o amor, não se deve dizer da boca para fora "eu te amo" sem sentir. E há quem diz muito, e nada demonstra desse amor. Esta pessoa talvez nunca soube o que é amar, talvez ela não ame ninguém e só usa este discurso para se dar bem, para conquistar, prender. Nas relações amorosas devemos ficar atentos se as palavras condizem com as atitudes. Não se deixe enganar por palavras que só para você tem sentido, as quais sempre gosta de ouvir. Você não pode cometer o mesmo erro duas vezes porque a segunda vez é escolha, não é erro. Não saber o seu valor pode lhe custar muito caro, afinal, as melhores coisas da vida não são coisas, são momentos, é o tempo. Se já está comprovado, não perca tempo com quem não te valoriza. Você pode escolher o que quer ser. Então seja melhor, tenha amor próprio. E quando faltar sorte, faça sobrar atitude, o azar morre de medo de gente determinada. Ser importante é do ego, ser feliz é da alma.

81

Sabe aquelas pessoas que não aproveitam o banho de mar em um lugar simples, porque se consideram chique, e só vai se for praia do Caribe? São estas pessoas que geralmente vivem de aparência mas não vivem a vida. Uma vida feliz não está no luxo, mas sim no bem estar, no bem viver. Conheço mulheres que usam sapatos dois números a menos para aparentarem ter pés menores. Usam espartilhos apertadíssimos para que a cintura seja fina. Onde está o bem estar? Onde está viver bem e feliz? Nem tudo é aparência, nem tudo vale a pena pagar o preço. Frequentar lugares caros não te fazem rico, usar roupas elegantes não te tornam chique. Chique é estar bem, viver bem com o que tem, onde for e como for. Existem carros de marca, mas o Fusca te leva ao mesmo lugar que o BMW. Existem restaurantes luxuosos, mas um cachorro quente mata a tua fome mais que salmão grelhado e a água de todas as praias do mundo são salgadas iguais as do Caribe. Então você só não aproveita sua vida porque você quer a vida do outro, você esquece que as oportunidades vão embora e que só resta a gratidão pelo que temos para hoje. E a verdadeira ostentação é ter um coração que te ame e não mil olhares que te desejam.

82

Esvazie o que te pesa, valorize o que te alegra, fale o que te afeta, sinta forte o que te eleva, silencie o que desgasta e agradeça o bem que te acontece. Somente o amor sobreviverá ao tempo. Somente o tempo te mostrará o que realmente IMPORTA. E falando em tempo, o que passou já não volta, mas uns seguem com os olhos postos no passado, veem o que não vem e nem virá. Outros fitam esses mesmos olhos no futuro e veem o que não pode ser visto, pois ainda não aconteceu e ninguém tem bola de cristal, não é mesmo? O mal destas pessoas é que não vivem o presente. Ser saudosista não é problema, o problema é querer viver de passado. Fazer planos para o futuro é se programar para atingir um objetivo, mas não sofra por antecipação. Aproveite o hoje, esse é o dia, essa é a hora, esse é o momento, isso é quem somos. Tudo no seu tempo, tudo flui como tem que ser. A vida é agora. Então VIVA!

83

Parada estratégica de auto-reflexão. Você sabe para onde você está indo? A semente é simples porque não se perde na tentativa de ser outra coisa, ela é o que é, não desperdiça seu tempo querendo ser Flor antes da hora. Cumpre o ritual de existir, compreendendo a doçura de cada etapa. Você e o outro são um só. Uma coisa só. você não pode machucar o outro sem se ferir de alguma forma, aliás, ninguém se cura machucando os outros. Construa pontes, não construa paredes. Não podemos exigir que os outros sejam da forma que queremos, nem nós somos. Ninguém pode fazer você se sentir inferior sem o seu consentimento. E a sua fé precisa ser muito maior que o seu problema....sempre.

As uvas precisam ser esmagadas para fazer o vinho. Os diamantes se formam sob pressão, sementes crescem na escuridão. Por isso, sempre que você se sentir pressionado, esmagado e no escuro você estará diante de um poderoso lugar de transformação. Nesse momento tire a melhor lição da situação, pois só através desta situação você se tornará a sua melhor e mais forte versão.

84

Há uma excelente reflexão popular que gosto de relembrar: Na África todas as manhãs a zebra acorda, sabendo que deverá correr mais do que o Leão, se quiser manter-se viva. Por outro lado o Leão acorda todas as manhãs, sabendo que deverá correr mais do que a zebra, se não quiser morrer de fome. A conclusão é que não faz diferença se você é zebra ou Leão. Quando o sol nascer você tem que começar a correr. Portanto, abra os olhos pela manhã, agradeça a Deus e ao Universo por mais um dia de vida, levante e conquiste o mundo.

E quando falamos de Universo, você sabia que a mais poderosa lei do universo está em cada pensamento seu? O seu pensamento irradia um sinal, cada pensamento seu atrai o sinal de volta, que combina com o emitido. Semelhante atrai semelhante, tudo é energia, tudo se transforma, nada se cria. Transforme-se, o seu tempo de lagarta expirou. Agora voe.

85

A gente às vezes passa por certas situações tão difíceis, que a princípio parece que não vamos mais nos reerguer. E aí a vida nos cuida de uma forma tão gloriosa, tão linda, que só com o tempo percebemos os milagres, do que recebemos, e o quanto viver é misterioso. Valorizar os milagres diários que acontecem em nosso cotidiano nos faz aguentar os "nãos" da vida. Independente dos tombos e quantos "nãos" podemos ouvir, cada vez nos conheceremos mais, seremos mais autênticos e sinceros com nós mesmos. Com o tempo aprendemos a não viver de aparências, pois elas mudam. A não viver de mentiras, pois elas são descobertas. Com o tempo você entende e aprende que não deve viver pelos outros, deve viver por você. E viva bem, principalmente com o fato de que você não é perfeito, e não se sinta culpado de fazer o que é melhor para você. Cuidar de si mesmo, estar em paz e zelar pela própria felicidade não é egoísmo, é amor próprio.

86

Se alguém passa a vida julgando as pessoas, este alguém não têm tempo para amá-las. O princípio básico que aprendemos é amar ao próximo, sem julgamentos. Nem sempre a pessoa mais bonita é a mais interessante, a aparência é superficial, uma casca que pode ser moldada por um cirurgião plástico. E não há cirurgia que mude o interior, não há nada melhor do que perceber nas pessoas que nos rodeiam, o brilho no olhar, um coração bondoso. As melhores companhias são aqueles que não aparentam nem dizem, mas através das atitudes demonstram quem são. Estar reunido com os bons de coração, bons espíritos, ainda que tenham poucos maus hábitos é um equilíbrio válido e justificável. Procure aqueles que não te idolatrem, mas que te valorizam apesar de saber suas falhas e ainda assim seguem ao seu lado. Procure amigos que não te abandonam nas crises, de identidade, de idade ou quando o mundo te fez alguma maldade. Amigos de verdade são irmãos, escolhidos pelo coração e não te abandonam não.

87

Seja seu maior compromisso. Seja pontual com você, não se atrase nem se deixe para depois. Você é agora. Pessoas vêm e vão, mas em vão, ninguém vem. Com medo de errar você não aprende nada, e pare de se cobrar respostas, deixa isso fluir nos caminhos da vida e aos poucos tudo fará sentido. Nunca desista da escada da vida pois a sua felicidade pode estar no último degrau que você desistir. Feliz ou não a lei da vida é seguir em frente de cabeça erguida, mesmo após o término de um relacionamento. Quantas vezes insistimos no erro e quantas vezes desistimos cedo demais. A vida nos ensina que antes de amar alguém, devemos nos amar. Toda relação tem que ser tranquila e natural, as pessoas acabam achando que tudo deve ser levado na queda de braço, que deve-se lutar até o fim, só para dizer que venceu. Se a relação te faz bem, luta. Se ela te faz sofrer, fuja. Se for para dar trabalho a gente entrega currículo, até porque, amor bom é aquele que continua flertando com você mesmo depois de já ter te conquistado e amor destrutivo deve ser deixado de lado.

88

Não permita que os outros te julguem por você não ser a pessoa que eles gostariam que fosse. Não se divida em pedaços para manter os outros inteiros, pois até os ignorantes que acham que sabem tudo, se privam de um dos maiores prazeres da vida que é aprender. Faça coisas certas que deram errado, faça coisas erradas que darão certo. Faça bem feito, vai ficar incompleto, faça mal feito, vai ficar perfeito. Faça o que der, vai faltar, faça o que não der vai sobrar, faça de conta que não gostou, foi bom. Faça de conta que gostou, foi ruim. Faça enquanto viver, resultado só depois vai saber. Quantas vezes na vida tudo saiu ao contrário do que imaginamos, não é mesmo? A vida é isso, um eterno aprendizado entre o acertar e errar em cada atitude, em cada gesto. O importante nem sempre é o resultado, o importante é não desistir de tentar. Tente, invente, faça algo diferente, mas não deixe de seguir em frente. Não existe grandeza onde não há humildade, e não há nada mais bonito do que uma pessoa assumir que errou por que tentou. Não há nada mais humilde em admitir que errar é humano.

89

Sorrir não gasta eletricidade e gera uma luz enorme. O sorriso ilumina o dia de qualquer pessoa, por isso sorria sempre e esqueça o que te dói. Conserve o bem que você tem, perdoe os que te feriram e desfrute dos que te amam. Uma pessoa feliz não tem tudo de melhor, ela torna tudo melhor. Você não é obrigado a se formar com 25, casar com 27, falar línguas aos 29, você não é obrigado a ter um carro aos 30,conhecer Paris aos 40. Você não é obrigado a ser feliz no tempo dos outros. Cada um tem o seu tempo e a felicidade é uma experiência individual. Não se torne refém da opção alheia, pois quem vai carregar o fardo de ser você não são os outros. O bom é quando a gente entende que não precisa ser perfeito, não precisa ser aceito, não tem que agradar todo mundo, não precisa estar certo, não precisa ter razão, não precisa ser o que os outros são. Porque aí a gente descobriu o quanto é maravilhoso, ser a gente mesmo.

90

Não se esqueça que na vida tudo é relativo, um fio de cabelo na cabeça é pouco e no prato de sopa é muito. As pessoas que fazem diferença em nossas vidas, não são as que têm mais dinheiro ou riquezas materiais, são as que se importam conosco. As melhores coisas da vida não podem ser vistas nem tocadas mas sim sentidas pelo coração, pessoas são livres desde o nascimento, o que as aprisiona são as suas escolhas. Seja lowcarb seja da dieta paleolítica, seja ateu, seja católico seja o que você quiser, apenas respeite o outro, para que suas escolhas sejam respeitadas. E se não estiver feliz com a vida que leva, pare de achar que a culpa é alheia. Você escolheu, você é o que tem que ser. Se não gosta do caminho, mude na próxima bifurcação, não se acomode na tristeza ou infelicidade. A escolha de todos depende exclusivamente de cada um. E se você estiver bem com suas escolhas, ame agora, fale agora, demonstre agora, abrace agora, responda agora seja agora, pois a vida é um sopro... é agora.

91

 Ser forte não é ser imune à dor, é seguir adiante apesar de senti-la. Muitas pessoas nos magoaram ao longo da vida, causando sofrimento, dor e infelicidade. Devemos perdoar estas pessoas, não porque eles merecem perdão, mas porque precisamos ter paz.

Às vezes a melhor forma de dizer algo é calando a boca. O grande erro que uma pessoa que te magoa, ou ingrata comete, é esquecer que um dia ela poderá precisar de você novamente. Não subestime ninguém, trate sempre todo mundo com respeito. A vida é uma dança das cadeiras, um dia você está sentado e no outro dia em pé. Não mantém a paz, aquele que se cala para evitar conflitos, pois começa uma guerra dentro de si. Mantem a paz, aquele que cura a sua raiva. A paz de espírito depende de uma consciência tranquila e quando a consciência está pesada, não descansa nunca, dela você não se livra, nem quando fecha os olhos. Por isso não discuta com ninguém, não carregue o fardo de ninguém, prefira ter paz do que razão.

92

Dinheiro é um sonho, mas viva para ser feliz não viva pelo dinheiro. O dinheiro pode comprar uma casa, mas não pode comprar um lar. O dinheiro compra uma cama, mas não compra o sono. Ele pode comprar um relógio, mas não compra o tempo. Pode comprar um livro, mas não compra o conhecimento. Compra um título de nobreza, mas não compra o respeito. Ele pode comprar um médico, mas não compra a saúde. Dinheiro compra o sangue mas não compra a vida. Ele pode comprar o sexo mas não compra o amor. O dinheiro atrai muitos amigos, mas não sinceros.

Não há nada mais triste e solitário do que um milionário no meio de uma multidão de interesseiros, de olho no seu dinheiro.

Por outro lado, dinheiro é uma bênção, pode-se fazer o bem, sem olhar a quem. Mas fique esperto, com os olhos abertos para não virar refém.

Felicidade é a única coisa que você pode dar sem possuir.

93

A beleza agrada aos olhos, mas é a doçura das ações que encanta a alma. Tem gente que não tem casa bonita, nem carro de luxo, ou roupa de grife, mas tem o bem mais precioso que alguém pode ter, um bom coração. Seja grato por encontrar pessoas de bem, pois quem tem um bom coração não precisa apagar a luz do próximo para que a sua brilhe. Nunca permita que alguém apague seu brilho ou te roube a alegria de viver, aprenda a ignorar aqueles que te fazem mal e a manter bem próximo quem te quer bem. Supere suas dificuldades, esqueça se preciso for, mas nunca desista de você. Gratidão é quando você, mesmo diante de um turbilhão de problemas, ainda assim agradece por ter saúde, lucidez ,fé e forças para sobreviver. Quando a gente começa a excluir pessoas negativas da vida, encontra gente que realmente vale a pena. A gente percebe que se tornou alguém mais forte, quando algo que antes nos afetaria não nos causa mais dano. Pessoas de bom coração nos mostram o caminho, e aí a gente fica apegado não sabendo seguir sozinho. Levante, siga em frente, a vida é deliciosa, seja feliz, esteja em movimento, pois a tristeza é preguiçosa.

94

Gente bem resolvida não inferniza a vida alheia.
Não importa se você é negro, branco, hetero,
bissexual, gay, alto, baixo, gordo, magro, pobre,
rico, ateu, budista, católico, umbandista, evangélico
ou espírita. O que importa são as tuas atitudes
perante a vida, e o respeito com qual você trata as
outras pessoas. Não julgue uma pessoa pela
aparência. É como julgar um livro pela capa, e
pode estar perdendo uma grande história.
Argumentar racionalmente com uma pessoa que
renunciou ao uso da razão, é como dar remédio a
alguém que já morreu. Nenhuma pessoa inteligente
está interessada em dominar os outros, uma pessoa
inteligente está interessada em conhecer melhor a si
mesmo. Quando você fala gentilmente com as
plantas as ajuda a crescer, imagina se você falar
gentilmente com seres humanos. Por isso, não
julgue ninguém, não condene os outros, respeite a
cor, a religião, a opção ou quem são. A consciência
tranquila é o travesseiro mais fofo que você pode
usar nas horas de descanso.

95

Não é toda porta fechada que está trancada.
Empurre e teste. Mas antes tenha certeza que o que
procura está fora. Quantas vezes procuramos abrir
portas erradas, encontrar saídas, simplesmente para
se encontrar. Quantos relacionamentos projetamos
o que queremos no outro, e quantas vezes
buscamos e responsabilizamos o outro pela nosso
bem estar, nossa felicidade? Ser feliz não depende
de termos alguém ao nosso lado. Não transfira esta
responsabilidade para quem quer que seja. A
felicidade está em você. Não fuja de si mesmo,
fugir para onde se tudo está dentro de nós? Cuide
da sua verdadeira casa, sua mente e seu coração.

Quem fala menos ouve melhor e quem ouve melhor
aprende mais. Ouça a voz do seu coração, vigie
seus pensamentos, aprenda a gostar do silêncio, da
própria companhia. E quando estiver sentindo que
está sozinho, perdido, com dúvidas, ou você arrisca
ou você se conforma. A única pessoa que vai estar
com você a vida toda é você mesmo. Ame-se. A
melhor professora da vida é a experiência. Cobra
caro, mas explica bem. Um dia a gente aprende e
entende que para ser feliz não precisamos de mais
ninguém.

96

Precisamos de tão pouco para sermos felizes. O problema é que precisamos de muita experiência para compreender isso. E querendo ou não, experiência vem com o tempo, e só com o tempo adquirimos sabedoria. Quantas vezes menosprezamos as pessoas por falta de conhecimento, sem saber sua história, suas batalhas, suas experiências. Julgamos sem saber.

Devemos aprender a valorizar as pessoas pelos seus acertos. Tem gente que acerta muito mais do que erra, acabam sendo julgadas apenas por um erro e não são valorizadas pelos tantos outros acertos. Isso serve para todo mundo.

A experiência diz: Não ofenda, não critique, não cause dor, mais elogios por favor. Pois o destino sabe o que faz, sabe o que tira, sabe o que trás. E do mesmo modo que aquele que fere o outro, fere a si mesmo. Aquele que cura o outro cura a si mesmo. E a sabedoria nos dá exemplos de que chique é ser feliz, elegante é ser honesto, bonito é ser caridoso, sábio é saber ser grato, o resto é inversão de valores.

97

Tudo que você fizer, faça bem feito e na dúvida sobre o que é certo ou errado pense o que você gostaria que fizessem com você. Quando nos colocamos no lugar dos outros, entendemos a forma correta de fazer as coisas. E saiba que tudo na vida é temporário, por isso se as coisas correrem maravilhosamente bem, desfrute as, porque elas não duram para sempre. E se as coisas correrem pessimamente, não se preocupe, elas também não vão durar a eternidade. Mas lembre-se da causa e efeito, das 3 leis do universo que nunca falham: a do retorno, da verdade e a do mérito. Se você é grato ao Universo e o seu coração é sincero, não tem nenhuma razão para sentir medo dos outros. Peça ao universo que todas as pessoas que não te querem bem encontrem o caminho da paz. Até elas não vão ter tempo nem vontade de te fazer mal. Independente da lei do retorno, não pague o mal com o mal, queira a verdade. O que se faz com o coração nunca é obrigação, mas tem a melhor vibração. No mar da vida, não adianta pedir ondas mais baixas, é o teu barco que tem que ser mais resistente. Chegar ao porto seguro é seu mérito.

98

Quando nos importamos demais com fofocas, inveja e maldade alheia, deixamos de realizar nossos sonhos e muitas vezes de sermos nós mesmos. Deixar de frequentar lugares preocupada com o que vão pensar? Dane-se, simplesmente vá. Usar uma roupa curta ou colorida por que vão falar mal, dizer que é imoral? Dane-se, vista e vá. Não deixe de ser quem você é por interferência alheia. Faça. Se você não fizer vão te criticar da mesma forma. Então faça e vai na fé , vai à pé, vai do jeito que der. Vai até onde puder, vai atrás do que tu quer. Vai andando, seguindo, pensando, sentindo, amando, sorrindo, cantando, curtindo, dançando no ritmo da individualidade, isso sim é ter personalidade. Quem fala mal de você geralmente é infeliz, mal amada e gostaria de ser quem você é. O jeito mais prático dela aprender sobre respeito, é lembrar que as suas escolhas não são da conta dela. Que toda inveja vire comida para os famintos e que toda maldade vire bebida para os sedentos. É assim que devemos levar a vida, transformando o mal em bem, não importa para quem.

99

Quantas vezes você disse que não aguentava mais, mas continua seguindo em frente. Portanto permaneça firme, mesmo pensando em desistir. Tem dias que a gente quase desliga, mas aí a gente se reinicia e começa mais forte. Todos os dias devemos encontrar forças para lidar com as adversidades e os baques da vida. Dificuldades e problemas, todos tem. Mas como tudo passa, mantemos a certeza de que dias melhores virão. Se a solidão bater, nada melhor do que passar um tempo com amigos. Ainda que todo apoio e motivação que os amigos nos dão, nunca devemos desanimar, pois estes mesmos amigos lá na frente iremos valorizar. Não fique lamentando as dificuldades, valorize as amizades, não perca tempo, mate a saudade. Mais vale perder tempo com os amigos do que perder amigos com o tempo. A nossa vida tem 4 sentidos: amar, sofrer, lutar e vencer. Ame muito, sofra pouco, lute bastante e vença sempre.

100

Pessoa solteira não é pessoa encalhada. Encalhada é a pessoa que não consegue sair de um relacionamento, onde ela não é feliz. Acertar no amor, é um prêmio na loteria da vida. No relacionamento o plural da palavra feliz é "nós dois". Se não for assim, tem que conversar, colocar em pratos limpos e não panos quentes. Tampar o sol com peneira não resolve, o que resolve é o diálogo. Remar na mesma direção, caso contrário o barco não sairá do lugar, ficará a deriva. Muitas relações ficam a deriva por não dedicarem alguns momentos de conversa, para que cada um possa entender o que acontece com o outro. O diálogo salva relacionamentos, mantém casamentos por longas datas, e até felizes para sempre. A falta de conversa, só deixa brecha para mal entendidos, para que o outro ache que está sendo mal compreendido e até mal amado. Se quiser salvar sua relação, converse, fale um pouco e ouça muito. E se nesta conversa tudo chegou ao fim, talvez seja melhor assim. Nunca é tarde para recomeçar, quem sabe encontre em outro lugar, um novo alguém para amar. Até lá você é sua melhor companhia. Ame-se.

101

O amor próprio só é real quando você se aceita e se ama em primeiro lugar. Quem aparecer na sua vida tem que aceitá-la exatamente como você é. O convívio entre duas pessoas deve ser pacífico, para que a relação possa ser duradoura e isso inclui respeitar o outro, respeitar sua personalidade, seu jeito de andar, vestir e de ser o que é e como é. Uma relação só dá certo quando duas pessoas diferentes equilibram seus defeitos na balança do amor. Isso se chama respeito. Respeitar a individualidade do outro. Quando conhecemos alguém, esta pessoa tem seus defeitos, seu passado, seus amigos, família, medos, gostos, e desejos. Tentar mudar tudo isso ou parte disso é até possível, mas não por muito tempo. Ninguém consegue manter uma vida que não lhe satisfaz por longo período. Ninguém representa tão bem por anos, talvez só por algum tempo. Não gostamos de ser o que os outros querem, apenas aprendemos, melhoramos, nos adaptamos. Ninguém muda totalmente para satisfazer os desejos dos outros. Não queira mudar ninguém e não seja refém do estereótipo do que o outro quer. Mude de planos, sonhos, cidade, emprego, mude tudo, mas jamais mude a sua essência por causa de outra pessoa.

102

Alimente seu foco, aí a distração vai morrer de fome. Somente quando você traça uma meta e segue firme você atingirá o objetivo, mas no caminho não se distraia. Elimine tudo o que te sabota. Se iniciou uma nova dieta, faça uma faxina na dispensa, nos armários e doe tudo aquilo que não faz parte de seu novo cardápio. As tentações são grandes, e a maioria das dietas não dão certo por que a tentação está bem perto. No armário, cheio de guloseimas, na geladeira repleta de variadas degustações que enlouquecem nosso paladar ou na amiga que nos oferece um doce. Claro que uma verdadeira amiga, sabendo que você está de dieta, irá ajuda-la e não sabotá-la. Preste atenção, amiga leal é aquela que te apoia quando você precisa, no que der e vier e te defende na tua ausência. O resto? Ah, o resto não interessa, talvez só te detesta por não ser igual a você. Então, anote os 3 princípios básicos do sucesso, que são: força, foco e fé. Força de vontade em atingir o objetivo, foco no resultado final sem distrações, e fé de que obterá sucesso sem pecar, apesar das tentações. E se não conseguir, mesmo depois de tanto esforço, valorize sua saúde, aceite seu corpo, seja feliz.

103

Não brigue com as pessoas, isso faz mal a seu coração. Nem todo mundo tem o seu ponto de vista ou é obrigado a ver o mundo da sua maneira, talvez estas pessoas nem queiram aprender ou enxergar a realidade como ela é. Não critique tanto seu corpo, agradeça pela saúde, que é o mais importante. Não reclame tanto. Não perca o sono pelas contas, não se preocupe tanto em deixar a casa impecável. Não se dedique a acumular herança, não há gavetas nos caixões, por isso trabalhe para viver, não viva para trabalhar. E se nada levamos desta vida a não ser os momentos vividos, deixe os cachorros mais por perto, não deixe de beijar seus amores, sinta o aroma das flores. Quantos momentos deixamos de aproveitar por não enxergar o quão valioso é o tempo. O tempo não volta, só a vontade de voltar no tempo. Não Fique guardando as taças, use os talheres novos, não economize seu perfume predileto, use-o para levar você para passear. Espera-se muito o Natal, a sexta-feira o outro ano, quando tiver dinheiro, quando tudo for perfeito. Então faça tudo agora. Ame mais, perdoe mais, abrace mais. Viva intensamente.

104

Você não é, e nunca foi obrigado a estar o tempo todo feliz, tranquilo, pleno e zen. Somos seres humanos, feitos de carne, osso e sentimentos. Encontramos ao longo da vida, pessoas que nos magoam. A mágoa, rancor e outros sentimentos negativos só nos fazem adoecer, nunca guarde para você. Não carregue energia negativa que pertence aos outros, mas também não devolva no mesmo tom, não revide, apenas diga para esta pessoa que está equivocado, que está errado. Você também vai passar por maus momentos, e não adianta negar, mas apenas diga, desabafe e viva as suas dores. Só não esqueça de que aquele papo clichê de que tudo vai passar, é verdadeiro. Se doeu, tem que falar, se incomodou, tem que explicar, se estragou, tem que consertar ou então joga fora. Não dá para passar a vida inteira com as coisas entaladas na garganta, ouvindo fofocas de quem não te compreende ou não te conhece. Ninguém é suficientemente perfeito que não possa aprender nada com o outro. No final das contas, todas as fofocas morrem no ouvido de pessoas inteligentes e um dia a gente aprende a se esquivar de quem ofende.

105

Peça desculpas por não ter escutado quando te disseram que você não iria conseguir. Diga para eles que você costuma deixar a tua fé no último volume. Não tenha paciência com algumas coisas na vida, não é porque você se tornou arrogante, é porque você simplesmente chegou no ponto da tua existência, em que não pode mais perder tempo com aquilo que te desagrada e te fere. As tuas atitudes revelam o que está no seu coração. Ninguém tem culpa pela forma como você se sente, o outro só tá auxiliando a trazer a superfície a tua própria guerra interior. E sempre que houver alternativas, tenha cuidado não opte pelo conveniente e confortável. Na maioria das vezes a sua intuição tem razão. Por isso ouça sua voz interior, respeite seus sentimentos, opte pelo que faz o seu coração vibrar, pelo que você gostaria de fazer. Seguir os sonhos nunca é fácil, mais difícil ainda é fazer o que detesta só por obrigação, por necessidade, por falta de opção, por pura acomodação. Não deixe os sonhos de lado ou para um amanhã que nunca chega, só por que um dia caiu ou encontrou uma barreira. Saiba que apesar de todas as suas consequências Cair Em Si é a única queda que te leva para cima.

106

Julgar uma pessoa não define quem ela é, define quem é você. Não desperdice seu tempo se preocupando com a vida alheia, viva a sua. Se você quer ser feliz você vai ter que aprender a ignorar muita coisa, ignorar fofocas, intrigas e gente amarga que não tem amor próprio. Tentar provar às pessoas suas verdades é uma bobagem, talvez seja exatamente isso que elas querem, sua atenção. Deixe as pessoas acreditarem no que elas quiserem, não é sua responsabilidade ficar se rotulando para elas, portanto, não reclame, não critique, não julgue, não se sinta incapaz, não desista, não olhe para o ontem, não perca a fé, não desanime. Siga em frente, dê tempo ao tempo, pois só com o tempo estas pessoas maldosas e fofoqueiras acabam engolindo o que tanto te ofereceram, seu próprio veneno. A melhor maneira de combater o mal alheio é ignorar. Se você quiser evitar comer fruto podre é só você cortar o mal pela raiz, simplesmente ignorando. Saiba que progredir devagar é melhor do que não ter progresso nenhum, portanto não se importe com os outros, segue o teu destino, rega as tuas plantas, ama tuas rosas, o resto é sombra das árvores alheias.

107

Tire um tempo para você. Para refletir sobre sua vida, cuidar do seu interior, dos seus sonhos, da sua paz. Ilumine sua alma com um belo pensamento, se ame, se queira e nunca esqueça de se abençoar.
Se nada mudar, invente, e quando mudar, entenda. Se ficar difícil, enfrente e quando ficar fácil agradeça. Se a tristeza rondar, alegre-se, quando ficar alegre contagie, e quando recomeçar acredite. Você pode tudo. Tudo é possível com o amor próprio, e com a fé que você tem. Se você cumprimentar alguém e esse alguém não te der resposta, ignore. O problema não é seu, é dessa outra pessoa. Entre o que você pensa, o que você quer dizer, e o que você diz, e o que o outro ouvir, o que o outro quer ouvir, e o que o outro acha que entendeu, há um abismo. A comunicação e o entendimento entre as pessoas nem sempre é fácil, mas em momento algum deve haver contradição entre seus sentimentos e pensamentos. Sua mente e seu coração devem ser cúmplices em todos os momentos, pois não há ninguém mais importante para você, do que você mesmo.
Viva o amor próprio.

108

Não pense no que te faz falta, agradeça pelo que você tem, e mentalize o que você quer ter.

Evite se tornar uma pessoa viciada em reclamar da vida. A palavra reclamar significa Clamar de novo ao universo, para que ele mande mais daquilo que você está odiando atrair para o seu destino. Use o seu poder mental, emocional e espiritual de forma favorável ao seu objetivo, e comece a agradecer diariamente tudo que você tem de bom na vida. Porque a palavra agradecer, significa fazer a graça descer, ou seja, quando você expressa gratidão a sua presença torna-se como um imã, que só atrai coisas boas. Faça uma lista de tudo o que você tem para agradecer. Uma boa saúde, paz de espírito, um teto para morar, agasalhos que te aquecem no frio, água para tomar quando tem sede, alimento quando tem fome, uma família e amigos que te amam. Dê valor para quem está ao seu lado e faz tudo para te ver bem, porque para te iludir tem muitos, mas para te fazer feliz, são poucos. Há muito do que agradecer, resta saber se você está mais preocupada com o que te falta do que valorizando o que tem. Quando agradecemos, sempre recebemos mais. GRATIDÃO!

108 Minutos de Sabedoria e Felicidade

Autor: Walter Araujjo